BEI GRIN MACHT SICH IHR WISSEN BEZAHLT

- Wir veröffentlichen Ihre Hausarbeit,
  Bachelor- und Masterarbeit

- Ihr eigenes eBook und Buch -
  weltweit in allen wichtigen Shops

- Verdienen Sie an jedem Verkauf

Jetzt bei www.GRIN.com hochladen
und kostenlos publizieren

GRIN

Der Umgang mit lebenden Toten im Spätmittelalter am Beispiel der Pestkranken

Sophia Rauch

Bibliografische Information der Deutschen Nationalbibliothek:

Die Deutsche Nationalbibliothek verzeichnet diese Publikation in der Deutschen Nationalbibliografie; detaillierte bibliografische Daten sind im Internet über http://dnb.d-nb.de abrufbar.

ISBN: 9783346294586
Dieses Buch ist auch als E-Book erhältlich.

Druck und Bindung: Books on Demand GmbH, Norderstedt Germany
Gedruckt auf säurefreiem Papier aus verantwortungsvollen Quellen

Das vorliegende Werk wurde sorgfältig erarbeitet. Dennoch übernehmen Autoren und Verlag für die Richtigkeit von Angaben, Hinweisen, Links und Ratschlägen sowie eventuelle Druckfehler keine Haftung.

Das Buch bei GRIN: https://www.grin.com/document/951578

Otto-Friedrich-Universität Bamberg
Fakultät für Geistes- und Kulturwissenschaften
Institut für Geschichte
Lehrstuhl für Mittelalterliche Geschichte unter Einbeziehung der Landesgeschichte
Proseminar: Delinquenz und deviantes Verhalten im Spätmittelalter
Sommersemester 2018

Der Umgang mit lebenden Toten im Spätmittelalter am Beispiel der Pestkranken

Rauch Sophia
 Lehramt an Grundschulen
Hauptfach: Geschichte
Didaktikkombination: Deutsch – Mathematik – Kunst
2. Fachsemester

Inhaltsverzeichnis

1. Einleitung......3

2. Ursprung und Verbreitung der Pest in Europa 4

3. Krankheitsbild und Krankheitsverlauf der Pest......5

    3.1. Arten der Pest......5

        3.1.1. Die Beulenpest 5

        3.1.2. Die primäre Lungenpest......6

4. Mittelalterliche Erklärungstheorien......6

    4.1. Die Pest als Strafe Gottes......6

    4.2. Die Vergiftung der Brunnen durch die Juden......7

    4.3. Das Pariser Pestgutachten 8

5. Der Umgang mit den Pestkranken 9

    5.1. Sozialer und moralischer Verfall der Gesellschaft......9

    5.2. Die Isolation der Pestkranken am Beispiel der Stadt Venedig 10

    5.3. Das Pestconsilium des Gentile da Foligno 11

6. Schluss......12

Quellen- und Literaturverzeichnis 14

Abbildungsverzeichnis 16

1. Einleitung

„Weh mir, was muß ich erdulden? Welch heftige Qual steht durch das Schicksal mir bevor?
Ich seh´ eine Zeit, wo die Welt sich rasend ihrem Ende nähert, um mich herum in Scharen
Jung und Alt dahinsterben. Kein sicherer Ort bleibt mehr, kein Hafen tut sich auf der gan-
zen Welt mir auf. Es gibt, wie es scheint, keine Hoffnung auf die ersehnte Rettung."[1]

Diese zeitgenössische Schilderung des italienischen Dichters Francesco Petrarca lässt
nur erahnen, wie grausam und aussichtslos der Alltag zur Zeit der großen Pest von 1348
bis 1351 für die Menschen gewesen sein muss. Unzählige Männer, Frauen und Kinder
fielen ihr meist innerhalb weniger Stunden unter qualvollen Schmerzen zum Opfer.[2]
Während die Pest im Mittelalter „pestilenz", „groet sterf"' oder „pestis magna"[3] genannt wurde, ist sie heute unter der Bezeichnung „der schwarze Tod"[4] weltbekannt.
Doch bereits bei der Namensgebung ist darauf hinzuweisen, dass der Begriff „Pest"
zweideutig ist: Der lateinische Begriff „pestis", der übersetzt „Seuche" bedeutet, diente
nicht zwingend nur zur Beschreibung der Beulen bzw. Lungenpest, sondern wurde im
Mittelalter auch zur allgemeinen Beschreibung von Seuchen genutzt.[5] Dieser Sachver-
halt muss bei der Betrachtung der Quellen berücksichtigt werden.

Ziel dieser Arbeit ist es, anhand von zeitgenössischen Überlieferungen herauszufinden,
wie man im Spätmittelalter mit dem Ausbruch der großen Pest von 1347 bis 1351 und
den Pestkranken umgegangen ist. Wichtige Quellen stellen in diesem Zusammenhang
die Berichte von italienischen Chronisten und Ärzten dar, die von Klaus Bergdolt in sei-
nem Werk „Die Pest 1348 in Italien. Fünfzig zeitgenössische Quellen" herausgegeben
und übersetzt worden sind. Außerdem ist die sehr umfangreiche und informative Mono-
graphie „Der Schwarze Tod in Europa. Die Große Pest und das Ende des Mittelalters.",
ebenfalls von Bergdolt, nennenswert hervorzuheben. Zu Beginn dieser Arbeit werden
Ursprung und Ausbreitung der Pest in Europa im Überblick dargestellt. Zum besseren

---

1 Bergdolt, Klaus, Die Pest 1348 in Italien. Fünfzig zeitgenössische Quellen, Heidelberg 1989, S. 146.
2 Vgl. Bergdolt, Klaus, Der Schwarze Tod in Europa. Die Große Pest und das Ende des Mittelalters,
  München ²1994, S. 9.
3 Jankrift, Kay Peter, Brände, Stürme, Hungersnöte. Katastrophen in der mittelalterlichen Lebenswelt,
  Darmstadt 2003, S. 126.
4 Der Terminus wurde erstmals von dänischen und schwedischen Chronisten des 16. Jahrhunderts verwendet, um das Furchtbare und Schreckliche der Seuche zu betonen.
5 Vgl. Vasold, Manfred, Die Ausbreitung des Schwarzen Todes in Deutschland nach 1348. Zugleich ein
  Beitrag zur deutschen Bevölkerungsgeschichte, HZ 277 (2003), S. 281.

3

Verständnis der Thematik ist ein Einblick in das Krankheitsbild und den Krankheitsverlauf der einzelnen Pestarten unerlässlich. Anschließend werden die mittelalterlichen Erklärungstheorien, die sich auf den Ausbruch der Pest beziehen, betrachtet. Diese drei Kapitel dienen sozusagen als Hinführung auf den wesentlichen Bestandteil dieser Arbeit. Im Fokus steht der Umgang mit der Pest und den Pestkranken, der im folgenden Kapitel thematisiert wird. Abschließend werden die Folgen der Pest und ihre Bedeutung in unserer heutigen Zeit erläutert.

2. Ursprung und Verbreitung der Pest in Europa

Zwischen 1347 und 1351 wurde Europa von einer Seuche heimgesucht, die als eine der größten Katastrophen der europäischen Geschichte gilt – die Pest (lat. pestis, Seuche).[6] Da der Begriff „Seuche" häufig im weitläufigem Sinne verwendet wird, ist zuvor eine genau Definition des Begriffs notwendig. Im medizinischen Wörterbuch Pschyrembel wird der Begriff wie folgt definiert: „Historische und umgangssprachliche Bezeichnung für die plötzliche Erkrankung zahlreicher Menschen an einer Infektionskrankheit"[7]. Ihren Anfang nahm die Pest, nach einem zeitgenössischen Bericht[8] des Rechtsgelehrten Gabriele de Mussis, im Jahre 1346 in der Handelsstadt Caffa[9], die zu dieser Zeit von den Tataren belagert wurde. Während der Belagerung kam es zu einem Ausbruch der Seuche unter Tataren. De Mussis schilderte den Weg der Seuche von der Krim nach Italien:

> „So gelangte man aus der erwähnten Stadt Caffa auf der Krim mit einigen Schiffen, die von noch lebenden, aber bereits mit der Seuche infizierten Seeleuten gesteuert wurden, nach Genua, mit anderen nach Venedig, mit wieder anderen in weitere Regionen der Christenheit. Es klingt unglaublich: Kaum gingen die Matrosen irgendwo an Land (die krankhaften Ausdünstungen begleiteten sie ja) und kamen mit Menschen in Berührung, starben diese."[10]

In kürzester Zeit erreichte die Seuche ganz Europa. Die Verbreitung der Pest wurde neben der hohen Infektionsgefahr noch durch weitere Faktoren begünstigt: Aufgrund des enormen Wachstums der europäischen Bevölkerung um 1300 folgten in den Jahren von

---

6 Vgl. Bergdolt, Der Schwarze Tod in Europa, ²1994, S. 9.
7 Warmbrunn, Angelika/ Mueller, Ulrich Otto, „Seuche", in: Pschyrembel online.
8 Vgl. Bergdolt, Die Pest 1348 in Italien, 1989, S. 19f.
9 Caffa entspricht dem heutigen Feodossija, einer Hafenstadt auf der Krim.
10 Bergdolt, Die Pest 1348 in Italien, 1989, S. 22.

4

1315 bis 1317 große Hungersnöte. Diese führten zu einer Verschlechterung der körperlichen Verfassung der Bevölkerung, was eine verminderte Resistenz der Menschen gegenüber Infektionen zur Folge hatte.[11] Hinzu kamen die dichte Besiedlung und die schlechten Hygienezustände der mittelalterlichen Städte, die einen idealen Nährboden für eine schnelle Ausbreitung der Seuche boten.[12]

3. Krankheitsbild und Krankheitsverlauf der Pest

3.1. Arten der Pest

„Zuerst trat eine schmerzhafte Gliedersteife auf, die die Körper der Menschen befiel. Sie hatten das Gefühl, von einer Lanze durchbohrt zu sein und stechende Pfeilspitzen zu spüren.“[13] Anhand dieser Metapher versuchte de Mussis die qualvollen Schmerzen der Menschen zu beschreiben, die der Pest zum Opfer fielen. In den Folgejahren der Pest entstanden mehrere Berichte, die die Symptome der Pest schilderten. Darunter auch der des Chronisten Marchionne di Coppo Stefani, der unmittelbar nach 1348 das Erscheinungsbild und die verhängnisvollen Auswirkungen der Pest beschrieb:

> „Die Symptome waren folgende: Zwischen Oberschenkel und Körper schwollen Drüsen an oder in der Achselhöhle zeigten sich Beulen. Dazu kam ein akutes Fieber. Wenn der Patient ausspuckte, war der Speichel mit Blut vermischt. Und keiner, der Blut spuckte, überlebte.“[14]

In der heutigen Medizin unterscheidet man die Pest anhand der Symptome in zwei Arten: Die Beulen- und die Lungenpest.

3.1.1. Die Beulenpest

Die Beulenpest, auch Bubonenpest genannt, ist die am häufigsten auftretende Form der Pest. Ihr Name steht charakteristisch für die entstehenden Schwellungen der Lymphknoten in der Leistengegend, unter den Achseln oder am Hals. Übertragen[15] wird die Beulenpest von Nagern auf Menschen durch Flöhe, Läuse oder Wanzen.[16] Die Inkubations-

---

11 Vgl. Schipperges, Heinrich, Die Kranken im Mittelalter, München 1990, S. 105.
12 Vgl. Jankrift, Brände, Stürme, Hungersnöte, 2003, S. 147.
13 Bergdolt, Die Pest 1348 in Italien, 1989, S. 30.
14 Ebd., S. 66.
15 Zur genaueren Beschreibung des Infektionshergangs siehe: Jankrift, Kay Peter, Krankheit und Heilkunde im Mittelalter (=Geschichte kompakt 9), Darmstadt (2. durchges. Auflage) 2012, S. 80.
16 Vgl. Vasold, Manfred, Pest, Not und schwere Plagen. Seuchen und Epidemien vom Mittelalter bis heute, München 1991, S. 72.

zeit[17] beträgt meist nur wenige Tage. Anschließend bildet sich an der Einstichstelle eine blau-schwarz verfärbte Nekrose[18]. Hinzu kommen eine starke Schwellung der Lymphknoten, Kopfschmerzen und Fieber. Tritt nach etwa einer Woche keine Besserung ein, gelangen in den häufigsten Fällen die Erreger in die Blutbahn und es kommt zu einer Blutvergiftung (Septikämie), die fast immer zum Tode führt.[19]

3.1.2. Die primäre Lungenpest

Die weit aus gefährlichere Form der Pest ist die primäre Lungenpest. Anders als die Beulenpest, wird sie durch eine Tröpfcheninfektion[20] übertragen. Nach einer sehr kurzen Inkubationszeit von ein bis zwei Tagen kommt es zu Symptomen wie Atemnot, Herzrasen oder Bluthusten. Durch eine Lähmung der Nerven und die Zerstörung des Lungengewebes endet die Lungenpest im Erstickungstod.[21]

4. Mittelalterliche Erklärungstheorien

Von der Alltagserfahrung abgesehen, dass die Pest hoch infektiös war, war der damalige Kenntnisstand der Ärzte bezüglich Ursache, Wirkung und Therapie der Pest deprimierend gering.[22] Aufgrund dessen entstand eine Vielzahl an Erklärungstheorien, von denen die Gebräuchlichsten im Folgenden dargestellt werden sollen.

4.1. Die Pest als Strafe Gottes

Da die Medizin versagte, suchte man anderweitige Erklärungen für den Ausbruch der Pest. Für viele Menschen stellte die Pest eine Strafe Gottes aufgrund der begangenen Sünden dar. Der Zorn Gottes wurde in der Kunst häufig durch Pfeile veranschaulicht, die auf die Sünder herab regneten. Der heilige Sebastian[23] wurde zum Schutzheiligen gegen die Pest ernannt. Er sollte die Pfeile der Pest auf sich ziehen und somit die Menschen vor ihr beschützen (vgl. Abb. 1). Das Motiv der Seuche als himmlische Strafe,

---

17 Die Inkubationszeit ist die Zeit zwischen der Ansteckung und dem Ausbrechen einer Infektionskrankheit.
18 Unter einer Nekrose wird in der Medizin das Absterben einzelner oder mehrerer Zellen verstanden.
19 Vgl. Bergdolt, Der Schwarze Tod in Europa, 1994, S. 18.
20 Infektion, bei der die Krankheitserreger über den Nasen-Rachen-Raum (zum Beispiel durch Sprechen, Husten und Niesen) übertragen werden.
21 Vgl. Jankrift, Krankheit und Heilkunde im Mittelalter, 2012, S. 81.
22 Vgl. Bergdolt, Der Schwarze Tod in Europa, 1994, S. 26.
23 Sebastian (gest. um 288 in Rom) war ein römischer Soldat. Er wird seit dem 4. Jahrhundert als Märtyrer und Heiliger in der katholischen Kirche verehrt.

symbolisiert durch Pfeile, lässt sich bis in die Kunst des Mittelalters zurück verfolgen (vgl. Abb. 2).[24] Ein unschönes Begleitphänomen dieser Erklärungstheorie waren die Geißlerzüge, die während der Pest ihren Höhepunkt erlangten. Angeführt von Klerikern zogen die Flagellanten[25], barfuß und mit Geißeln in der Hand, von Kirche zu Kirche (vgl. Abb. 3). Durch Bußgesänge und Gebete erflehten sie dort Gottes Erbarmen.[26] Die Beschreibung Heinrichs von Herford, aus seiner 1355 verfassten Weltchronik, lässt erahnen, wie grauenvoll und schmerzhaft die Selbstverstümmelung der Flagellanten gewesen sein muss:

> „Jede Geißel war eine Art Stock, von welchem drei Stränge mit großen Knoten vorne herabhingen. Mitten durch die Knoten liefen von beiden Seiten sich kreuzende, eiserne nadelscharfe Stacheln, die in der Länge eines Weizenkorns oder etwas mehr aus den Knoten ragten. Mit solchen Geißeln schlugen sie sich auf den entblößten Oberkörper, so daß dieser blau verfärbt und entstellt anschwoll und das Blut nach unten lief und die benachbarten Wände der Kirche, worin sie sich geißelten, bespritzte. Zweilen trieben sie sich die eisernen Stacheln so tief ins Fleisch, daß man sie erst nach wiederholten Versuchen herausziehen konnte."[27]

Als in der Bevölkerung das Gerücht aufkam, dass die Geißler die Pest durch ihre Bußgänge verbreiten, beschlossen viele Städte die Flagellanten nicht länger in ihre Städte einzulassen. Papst Clemens VI. verbot schließlich am 20. Oktober 1349 alle öffentlichen Geißlerbewegungen.[28]

4.2. Die Vergiftung der Brunnen durch die Juden

Immer wieder gerieten die Juden in Verdacht, die Brunnen vergiftet zu haben und somit Schuld am Ausbruch der Pest zu tragen. Die Folge dieser Beschuldigung waren blutige Judenpogrome, die vor allem im Norden Frankreichs und in den deutschsprachigen Reichsgebieten ihren Lauf nahmen. Zwar gab es auch schon vor der Pest Judenpogrome, jedoch zeigte sich während der Zeit der Pest ein deutlicher Anstieg der Judenfeind-

---

24 Vgl. Naphy, William/ Spicer, Andrew, Der schwarze Tod. Die Pest in Europa, Essen 2006, S. 13f.
25 Die Flagellanten oder Geißler waren eine christliche Laienbewegung im 13. und 14. Jahrhundert. Ihr Name geht auf das lateinische Wort „flagellum" (zu deutsch: Geißel oder Peitsche) zurück.
26 Vgl. Bergdolt, Der Schwarze Tod in Europa, 1994, S. 107.
27 Bergdolt, Klaus, Die Pest. Geschichte des Schwarzen Todes (=Beck'sche Reihe 2411), München 2006, S. 65.
28 Vgl. Die Pest. Leben und Sterben im Mittelalter (=GEO Epoche 75), Hamburg 2015, S. 119.

schaft. Papst Clemens VI. verbot am 26. September 1348 die Verfolgung der Juden und betonte in seiner päpstlichen Bulle, dass Juden genauso an der Pest starben wie Christen. Das Verbot zeigte jedoch wenig Wirkung.[29] Die am häufigsten gewählte Todesart war der so genannte Feuertod: Die Verbrennung der Juden am lebendigen Leib (vgl. Abb. 3). Kam es zu Prozessen gegen einzelne Personen oder Gruppen, endeten diese für die Juden meist mit einem grausamen Foltertod. Häufig gewählte Foltermethoden waren das Rädern oder das lebendig Begraben.[30] Zwar lassen sich anhand der Quellen keine genauen Opferzahlen bestimmen, jedoch steht fest, dass die Judenpogrome des Mittelalters bis zum Holocaust des 20. Jahrhunderts „die größte singuläre Mordaktion gegen die jüdische Bevölkerung Europas"[31] darstellte.[32]

4.3. Das Pariser Pestgutachten

Da Wissenschaft und Medizin in der Verantwortung standen, den Auslöser der Pest zu ermitteln, erschien im Oktober 1348 das compendium de epidemia der medizinischen Fakultät der Pariser Universität. Eingefordert wurde das Gutachten von Frankreichs König Philipp VI.[33] Es bezieht sich auf die Thesen des Pesthauchmodells von Gentile da Foligno. Foligno ging davon aus, dass aufgrund einer ungünstigen Konstellation von Mars, Jupiter und Saturn, krank machende Ausdünstungen von Land und Meer in die Luft gezogen werden. Diese werden erhitzt und anschließend als verdorbene Luft wieder auf die Erde geschleudert. Durch das Einatmen der verdorbenen Luft werden die Organe der Menschen infiziert.[34] Auf dieser Theorie basierte auch die Begründung der Pariser Ärzte:

> „Es ist bekannt, daß in Indien [...] die Gestirne, welche die Strahlen der Sonne und die Wärme des himmlischen Feuers bekämpften, ihre Macht besonders gegen jenes Meer ausübten und mit seinen Gewässern heftig stritten. Daher entstehen oft Dämpfe [...]. Diese Dämpfe wiederholten ihr Auf- und Niedersteigen 28 Tage lang unaufhörlich, aber am Ende

---

29 Vgl. Jankrift, Kay Peter, Mit Gott und schwarzer Magie. Medizin im Mittelalter, Stuttgart 2005, S. 101.
30 Vgl. Graus, František, Pest, Geissler, Judenmorde. Das 14. Jahrhundert als Krisenzeit (=Veröffentlichungen des Max-Planck-Insituts für Geschichte 86), Göttingen 1987, S. 215f.
31 Zinn, Karl Georg, Kanonen und Pest. Über die Ursprünge der Neuzeit im 14. und 15. Jahrhundert, Opladen 1989, S. 201.
32 Vgl. Ebd., S. 201.
33 Vgl. Die Pest, Hamburg 2015, S. 74.
34 Vgl. Bergdolt, Der Schwarze Tod in Europa, 1994, S. 24.

wirkten Sonne und Feuer so gewaltig auf das Meer, daß sie einen großen Teil […] [des Meeres] in Dampfgestalt emporhob. Dadurch wurden nun in einigen Gegenden die Gewässer dermaßen verdorben, daß die Fische in denselben starben. [Der Dampf] verbreitete sich […] durch die Luft in viele Weltgegenden und hüllte dieselben in Nebel ein."[35]

Zwar erlangte das Gutachten weite Verbreitung, geholfen hat es jedoch Niemanden. Eigenartig ist, dass das Gutachten weder das Krankheitsbild, noch den Krankheitsverlauf der Pest beschreibt. Dies erweckt den Eindruck, als hätten die Ärzte ihre Ahnungslosigkeit gegenüber der Bevölkerung verschleiern wollen.

5. Der Umgang mit den Pestkranken

5.1. Sozialer und moralischer Verfall der Gesellschaft

Das Auftreten der Pest, sowie das damit verbundene Massensterben, rief in der Bevölkerung Ängste hervor, die sich im sozialen und moralischen Verhalten der Menschen niederschlugen. Von diesen Ängsten berichtete auch der Kanoniker Johannes von Parma:

> „Als ich einmal frühmorgens […] am Fenster der Sakristei von San Vigilio stand, sah ich eine Frau zum Grab ihres Mannes gehen, der tags zuvor gestorben war. Und ich sah, wie sie beim Beten selbst tot zusammenbrach und wie sie neben ihrem Mann beerdigt und ins Grab gelegt wurde. Wie ein Schaf wurde sie ohne Bahre beerdigt. Es gab auch keinen, der gesungen hätte. Und ich kann berichten, daß wegen solcher Begleitereignisse unter der Bevölkerung eine solche Panik entstand, daß viele Wohlhabende mit ihren Familien auf die Dörfer flohen und die Häuser, die ihnen gehörten, zurückließen."[36]

Wer über die nötigen finanziellen Mittel und Wege verfügte, befolgte den Ratschlag[37] des Hippokrates[38] und verließ die Stadt.[39] Um das eigene Leben zu retten, wurden Familienangehörige und Freunde häufig ihrem tödlichen Schicksal überlassen. Mitleid und Nächstenliebe schwanden. Der rücksichtslose Umgang mit den Kranken war erschreckend:

---

35 Schipperges, Die Kranken im Mittelalter, 1990, S.107.
36 Bergdolt, Die Pest 1348 in Italien, 1989, S. 104f.
37 „cito, longe, tarde" (dt. Übersetzung: „Fliehe bald, fliehe fern, komme spät zurück")
38 Hippokrates von Kos (460 - 370 v. Chr.) war ein griechischer Arzt und gilt als der berühmteste Arzt des Altertums.
39 Vgl. Ruffié Jacques/ Sournia Jean-Charles, Die Seuchen in der Geschichte der Menschheit, Stuttgart 1987, S. 34.

„Der Sohn ließ den Vater im Stich, der Mann die Frau und umgekehrt, der Bruder den Bruder, die Schwester die Schwester... Viele kamen um, ohne daß es von jemanden bemerkt wurde, und eine große Zahl verhungerte. Wenn nämlich jemand aufs Krankenbett geworfen wurde, sagten die Mitbewohner im Haus voller Angst: „Ich gehe einen Arzt holen", verschlossen leise den Ausgang zur Straße und kehrten nie mehr zurück. So wurde der Kranke zuerst von seinen Mitmenschen und dann von der Nahrung abgeschnitten."[40]

Hatten sich zu Beginn der Pest noch viele Ärzte um die Kranken und deren Heilung bemüht, ergriffen im weiteren Verlauf auch sie die Flucht. „So mieden im Einzelfall die Gesunden völlig die Kranken. Auch die Priester und Ärzte flohen aus Angst vor den Erkrankten und Toten."[41] Die Flucht vor der Pest schien für viele Mediziner, angesichts der Wirkungslosigkeit ihrer ärztlichen Therapien und des enormen Risikos der eigenen Infektion, am sinnvollsten gewesen zu sein. Die Zahl der Toten, die von Tag zu Tag anstieg, stellte die Städte vor große Probleme. Aufgrund der Vielzahl an Leichen war ein menschenwürdiges Begräbnis nicht mehr möglich:

„Es war soweit gekommen, daß man sich um die Menschen, die starben, nicht anders kümmerte als man es heute bei den Ziegen tut... Da für die beschriebene Masse von Leichnamen, die täglich und fast stündlich zu jeder Kirche gebracht wurden, die geweihte Erde für das Begräbnis nicht mehr ausreichte, […] wurden in den Kirchhöfen […] große Gräber ausgehoben und die Neuverstorbenen zu Hunderten hineingelegt. Sie wurden dort schichtweise, wie im Schiffsraum die Waren, übereinandergestapelt und mit wenig Erde bedeckt, bis der Graben zum Rande voll war."[42]

5.2. Die Isolation der Pestkranken am Beispiel der Stadt Venedig

Auch in Venedig wurde der Alltag von Begräbnissen bestimmt. Aber nicht nur diese waren gnadenlos und menschenunwürdig. Neben den Verstorbenen wurden auch die Kranken von den Gesunden isoliert, um sich vor einer möglichen Infektion zu schützen.[43] Am 3. April 1348 veröffentlichte der große Rat von Venedig einen Notplan. Demnach sollten alle Menschen, „die in den Hospitälern in Venedig im Sterben liegen und die Armen, die mit dem Tode ringen, aber keine Unterkunft haben und nur von Almosen leben

---

40 Bergdolt, Die Pest 1348 in Italien, 1989, S. 67.
41 Ebd., S. 116.
42 Ebd., S. 49.
43 Vgl. Bergdolt, Der Schwarze Tod in Europa, 1994, S. 55.

ferner diejenigen, die kein Geld für ein Begräbnis aufbringen können [...]"[44] auf umliegende Inseln gebracht werden. Von eben diesem kaltherzigen Vorhaben berichtete Lorenzo de Monaci:

> Schon am Anfang waren die Totenbahren, obwohl reichlich in der Stadt vorhanden, an den Weggabelungen auf schreckliche Weise mit zwei, drei oder mehr Leichen beladen. Die ganze Stadt war ein Grab. Die Notlage erforderte es, daß man auf Staatskosten Männer zusammenholte, die mit Schiffen, die »Platae« genannt wurden, durch die Stadt ruderten, die Leichen aus verlassenen Häusern holten, sie zur Insel San Marco Bocalama [...] oder auf andere Inseln außerhalb der Stadt brachten und sie dort haufenweise in sehr breite und tiefe Gräben hineinwarfen, die man zu diesem Zweck mit großem Einsatz ausgehoben hatte. Viele gaben erst auf diesen Schiffen, viele, die noch geatmet hatten, schließlich in diesen Gräben ihren Geist auf."[45]

Die Proteste der Angehörigen gegen die Maßnahmen des großen Rates waren zwecklos. Ihnen wurde lediglich gestattet, die Kranken auf die umliegenden Inseln zu begleiten. Dieses Vorhaben hätte jedoch auch für sie den sicheren Tod bedeutet.[46]

5.3. Das Pestconsilium des Gentile da Foligno

Gentile da Foligno, einer der berühmtesten Ärzte seiner Zeit, verfasste 1348 sein berühmtes Pestconsilium. Kurze Zeit später starb er selbst an den Folgen der Pest. Das Pestgutachten beinhaltet Verhaltensmaßnahmen, die zur Prophylaxe und zur Therapie der Pest dienen. Theriak[47], Aderlass[48] und zahlreiche Diätempfehlungen bilden die Grundlage der Pesttherapie, die auch in zahlreichen Empfehlungen anderer Ärzte wiederzufinden sind.[49] Des weiteren beinhaltet das Gutachten Verhaltenshinweise für die Menschen, die sich um die Kranken kümmerten. Betonenswert ist seine Aufforderung den Kranken zu helfen, anstatt sie ihrem Schicksal zu überlassen, wie es zu dieser Zeit häufig empfohlen wurde. Da aber auch er die Ursache der Pest nicht kannte, äußerte er seine Ratschläge mit Vorsicht:

---

44 Bergdolt, Die Pest 1348 in Italien, 1989, S. 128.
45 Bergdolt, Die Pest 1348 in Italien, 1989, S. 118ff.
46 Vgl. Bergdolt, Der Schwarze Tod in Europa, 1994, S. 53.
47 Theriak (lat. theriaka, das giftige Tier betreffend) ist eine in der Antike als Gegengift (gegen tierische Gifte) entwickelte Arznei, die im Mittelalter als Universalheilmittel gegen viele Krankheiten angewandt wurde.
48 Der Aderlass ist ein seit der Antike bekanntes Heilverfahren, bei dem einem Menschen zwischen 50 und 1000 ml Blut entnommen wird.
49 Vgl. Bergdolt, Die Pest 1348 in Italien, 1989, S. 163-166.

„Doch gerade weil wir die Art des Giftes nicht konkret kennen, glauben wir, Kranken und Gesunden empfehlen zu können, viel Theriak einzunehmen, der ein Jahr alt sein soll. [...] Zur Vorbeugung ist in den einzelnen Räumen eines Hauses Feuer mit hohen Flammen anzuzünden. [...] Die Speisen sind aus Fleisch, das empfohlen wird, auszusuchen und, abgeschmeckt in Wein, in kleinen oder großen Mengen zu verzehren. [...] Es ist offenkundig, daß die Ursache dieser schrecklichen Seuche [...] auf einer giftverbreitenden Fäulnis der Herz- und Lungengegend beruht. [...] Bei dieser Fäulnis gibt es [...] [unabhängig von ihrer Ursache] ein und die selbe Therapie: Die Stärkung des Herzens und der Hauptorgane sowie die Bekämpfung der giftigen Fäulnis. Besonders sind auch Vorkehrungen zu treffen, daß diejenigen, welche den Kranken beistehen, ihnen ohne eigene Gefahr helfen können, damit die Erkrankten nicht auf unmenschliche Art im Stich gelassen und auf noch elendere Weise aufgegeben werden, als es bisher der Fall war. Allgemein geht an Kranke und Gesunde die Empfehlung, die Beschaffenheit der Luft durch ständiges Anzünden von Feuern zu beeinflussen. Die Nahrung der Leute soll aus Hühnern und Rebhühnern bestehen. Getrunken werden soll Wein. [...] Ferner ist ein Aderlaß durchzuführen. [...] Ich rate, so schnell wie möglich zu versuchen, Körperflüssigkeit zu entleeren. [...] Mithridat[50] nützt besonders denen, die Kranke pflegen. Sie sollen die ganze Zeit über, in der sie die Kranken bedienen, allmorgentlich drei Unzen Theriak in sehr gutem Wein einnehmen und entweder mit Essigwasser oder mit Wein häufig Hände und Gesicht waschen und zwischen sich und dem Kranken ein Feuer unterhalten. Der Kranke soll an einen hochgelegenen Ort im Zimmer gebracht werden [...] und man soll das Haus oft mit Essig reinigen und häufig [...] an die frische Luft gehen. Wenn Nordwind herrscht, soll man ihn durch alle Fenster einlassen. Man soll sich auch an die oben genannten Speisen halten, damit durch Gottes Hilfe die Pfleger mit Hilfe dieser Mittel unbeschadet ihren Dienst verrichten können.[51]

6. Schluss

Trotz aller genannten Maßnahmen und Verhaltensanweisungen, blieb die ersehnte Rettung vor dem schwarzen Tod aus. Zwischen 1347 und 1351 verlor Europa ca. ein drittel seiner Bevölkerung.[52] Die Angaben zu den Todesopfern aus den zeitgenössischen Pestchroniken sind, aufgrund der regelmäßig übertriebenen Zahlenangaben, kaum brauchbar.[53] Um genauere Zahlen zu erforschen, werden Steuerregister, Bürgerlisten, Sterbelis-

---

50 Mithridat ist ein ähnliches Mittel wie Theriak.
51 Bergdolt, Die Pest 1348 in Italien, 1989, S. 151-155.
52 Vgl. Schipperges, Die Kranken im Mittelalter, München 1990, S. 105.
53 Vgl. Bulst, Neithard, Der Schwarze Tod. Demographische, wirtschafts- und kulturgeschichtliche Aspekte der Pestkatastrophe von 1347-1352. Bilanz der neueren Forschung, Saeculum 30 (1979), S. 52.

ten und weitere Verzeichnisse untersucht. Trotz der Auswertung vorhandener Quellen und der Erhebung demographischer Statistiken, lässt sich auch heute noch keine genaue Opferzahl ermitteln.[54] Aufgrund großer regionaler Unterschiede, schwankt die Zahl der Gesamtverluste zwischen 12% und 60%. Im Gesamtdurchschnitt[55] geht man von einem Bevölkerungsverlust von 30 % aus.[56] Auch in den Folgejahren des schwarzen Todes kam es in Teilen Europas immer wieder zu Pestausbrüchen. Zwar war deren Ausmaß im Vergleich zur großen Pest deutlich geringer, jedoch verursachten auch diese unter der Bevölkerung eine hohe Mortalität.[57] Bis zum Ende des 19. Jahrhunderts existierte keine medizinisch wirksame Behandlungsmöglichkeit.[58] Erst im Jahre 1894 gelang es dem Schweizer Arzt Alexandre Yersin den Pesterreger, genannt Yersinia Pestis, während einer Epidemie in Hongkong ausfindig zu machen.[59] Durch das von Yersin entwickelte Pestserum war nun eine Vorbeugung der Infektion möglich. Bereits Erkrankte werden mit verschiedenen, hoch dosierten Antibiotika behandelt.[60] Jedoch ist zu berücksichtigen, dass sich die in den letzten Jahrhunderten gewonnenen medizinischen Kenntnisse über die Pest nur mit Vorbehalt auf den Schwarzen Tod des Mittelalters übertragen lassen, da sich Bazilleneigenschaften im Laufe der Zeit verändern können.[61] Wer nun glaubt die Pest sei eine Seuche der Vergangenheit, irrt sich. Zwar gehören die großen Pestepidemien der Vergangenheit an, allerdings wurden auch in der jüngsten Vergangenheit immer wieder Fälle von Pestausbrüchen gemeldet. Zuletzt kam es in Madagaskar im Zeitraum vom 1. August bis zum 22. November 2017 zu einem Ausbruch der Pest. Laut einem Bericht der World Health Organization endeten von insgesamt 2348 gemeldeten Fällen 202 davon tödlich.[62] Es bleibt also festzuhalten, dass die Pest, trotz aller Bemühungen des Menschen, ihren tödlichen Schrecken bis heute noch nicht verloren hat.

---

54 Vgl. Zinn, Kanonen und Pest, 1989, S.177.
55 Eine ausführliche Auseinandersetzung mit demographischen Folgen findet sich bei: Bulst, Der Schwarze Tod, Saeculum 30 (1979), S. 50-54.
56 Vgl. Schipperges, Die Kranken im Mittelalter, 1990, S. 105.
57 Vgl. Jankrift, Krankheit und Heilkunde im Mittelalter, 2012, S. 98.
58 Vgl. Zinn, Kanonen und Pest, 1989, S. 167.
59 Vgl. Jankrift, Krankheit und Heilkunde im Mittelalter, 2012, S. 80.
60 Vgl. Zinn, Kanonen und Pest, 1989, S. 167.
61 Vgl. Bergdolt, Der Schwarze Tod in Europa, 1994, S. 17ff.
62 Vgl. World Health Organization (27.11.2017), Plague Madagaskar. Disease outbreak news, unter: http://www.who.int/csr/don/27-november-2017-plague-madagascar/en/ [abgerufen am: 25.08.2018]

Quellen- und Literaturverzeichnis

1. Quellen

a) Textquellen

Bergdolt, Klaus, Die Pest 1348 in Italien. Fünfzig zeitgenössische Quellen, Heidelberg 1989.

> Ders., Die Pest. Geschichte des Schwarzen Todes (=Beck'sche Reihe 2411), München 2006, S. 65.

Schipperges, Heinrich, Die Kranken im Mittelalter, München 1990, S. 107.

b) Bildquellen

Jankrift, Kay Peter, Mit Gott und schwarzer Magie. Medizin im Mittelalter, Stuttgart 2005, S. 101.

Naphy, Williams/ Spicer, Andrew, Der schwarze Tod. Die Pest in Europa, Essen 2006, o.S.

2. Literatur

Bergdolt, Klaus, Der Schwarze Tod in Europa. Die Große Pest und das Ende des Mittelalters, München ²1994.

> Ders., Die Pest 1348 in Italien. Fünfzig zeitgenössische Quellen, Heidelberg 1989.

> Ders., Die Pest. Geschichte des Schwarzen Todes (=Beck'sche Reihe 2411), München 2006.

Bulst, Neithard, Der Schwarze Tod. Demographische, wirtschafts- und kulturgeschichtliche Aspekte der Pestkatastrophe von 1347-1352. Bilanz der neueren Forschung, Saeculum 30/1 (1979).

Die Pest. Leben und Sterben im Mittelalter (=GEO Epoche 75), Hamburg 2015.

Graus, František, Pest, Geissler, Judenmorde. Das 14. Jahrhundert als Krisenzeit (=Veröffentlichungen des Max-Planck-Instituts für Geschichte 86), Göttingen 1987.

Jankrift, Kay Peter, Brände, Stürme, Hungersnöte. Katastrophen in der mittelalterlichen Lebenswelt, Darmstadt 2003.

> Ders., Krankheit und Heilkunde im Mittelalter (=Geschichte kompakt 9), Darmstadt (2. durchgesehene Auflage) 2012.

Ders., Mit Gott und schwarzer Magie. Medizin im Mittelalter, Stuttgart 2005.

Naphy, William/ Spicer, Andrew, Der schwarze Tod. Die Pest in Europa, Essen 2006.

Ruffié, Jacques/ Sournia, Jean-Charles, Die Seuchen in der Geschichte der Menschheit, Stuttgart 1987.

Schipperges, Heinrich, Die Kranken im Mittelalter, München 1990.

Vasold, Manfred, Die Ausbreitung des Schwarzen Todes in Deutschland nach 1348. Zugleich ein Beitrag zur deutschen Bevölkerungsgeschichte, HZ 277 (2003).

Ders., Pest, Not und schwere Plagen. Seuchen und Epidemien vom Mittelalter bis heute, München 1991.

Warmbrunn, Angelika/ Mueller, Ulrich Otto, „Seuche", in: Pschyrembel online.

World Health Organization (27.11.2017), Plague Madagaskar. Disease outbreak news, unter: http://www.who.int/csr/don/27-november-2017-plague-madagascar/en/ [abgerufen am: 25.08.2018].

Zinn, Karl Georg, Kanonen und Pest. Über die Ursprünge der Neuzeit im 14. und 15. Jahrhundert, Opladen 1989.

Abbildungsverzeichnis

Abbildung 1: Das Martyrium des heiligen Sebastian. Aus einem Manuskript aus dem frühen 16. Jahrhundert.[63]

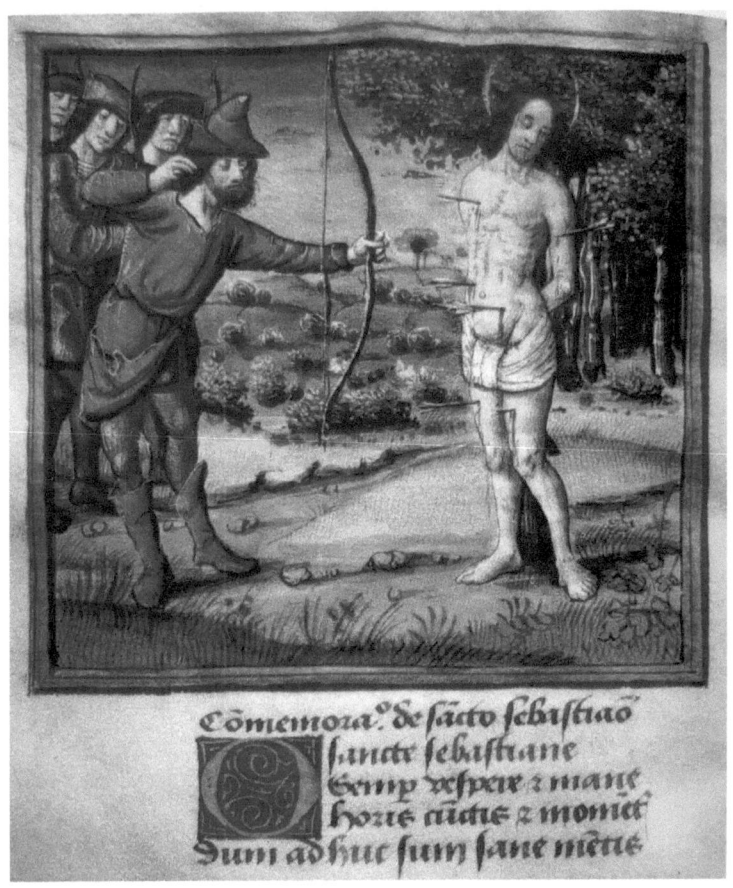

63 Vgl. Naphy, Der schwarze Tod, 2006, o.S.

Abbildung 2: Der personifizierte Tod mit dem Bogen. Anonymer Holzschnitt von 1514.[64]

64 Vgl. Naphy, Der schwarze Tod, 2006, o.S.

Abbildung 3: Geißlerzug im niederländischen Doornik im Jahre 1349. Illustration aus der Chronik des Gilles Li Muisis.[65]

Abbildung 4: Verbrennung von Juden. Abbildung aus der Nürnberger Chronik.[66]

---

65 Vgl. Jankrift, Mit Gott und schwarzer Magie, S. 101.
66 Vgl. Naphy, Der schwarze Tod, 2006, o.S.